Theodor Zahn

Die bleibende Bedeutung des neutestamentlichen Kanons für die Kirche

Vortrag auf der lutherischen Pastoralkonferenz zu Leipzig am 2. Juni 1898

Theodor Zahn

Die bleibende Bedeutung des neutestamentlichen Kanons für die Kirche
Vortrag auf der lutherischen Pastoralkonferenz zu Leipzig am 2. Juni 1898

ISBN/EAN: 9783743414341

Hergestellt in Europa, USA, Kanada, Australien, Japan

Cover: Foto ©ninafisch / pixelio.de

Manufactured and distributed by brebook publishing software (www.brebook.com)

Theodor Zahn

Die bleibende Bedeutung des neutestamentlichen Kanons für die Kirche

Die bleibende Bedeutung des neutestamentlichen Kanons für die Kirche.

Vortrag
auf der lutherischen Pastoralkonferenz zu Leipzig
am 2. Juni 1898 gehalten

von

D. Theodor Zahn.

Leipzig.
A. Deichert'sche Verlagsbuchh. Nachf.
(Georg Böhme).
1898.

Alle Rechte, besonders das der Übersetzung, vorbehalten.

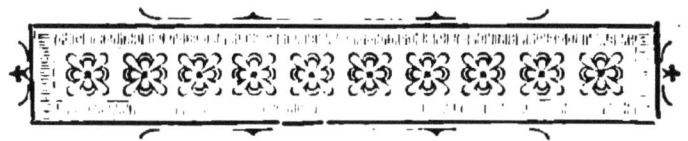

Hochverehrte Anwesende!

Als ich den Auftrag annahm, in Ihrem Kreise über die bleibende Bedeutung des neutestamentlichen Kanons für die Kirche zu sprechen, war mir sofort bewußt, daß dieses Thema auf Voraussetzungen beruht, welche kaum weniger der Erörterung bedürftig sind, als das Thema selbst. Von der bleibenden Bedeutung des neutestamentlichen Kanons scheint nur dann die Rede sein zu können, wenn der Kanon selbst eine bestimmte, unveränderliche Größe ist, so daß die Frage sich darauf beschränkt, ob diese an sich beharrliche Größe bei allem Wandel der Zeiten, angesichts aller Fortschritte wissenschaftlicher Erkenntnis und aller Fortentwicklung des kirchlichen Lebens die maßgebende Bedeutung behalten könne und solle, welche sie soviele Jahrhunderte hindurch in der Kirche behauptet hat. Die gleiche Voraussetzung scheint im Begriff „Kanon" zu liegen. Wir verstehen unter dem biblischen Kanon die Bibel selbst als eine Sammlung von Schriften, welche in der Kirche nicht nur als glaubwürdige Urkunden der göttlichen Offenbarung, sondern auch als Richtschnur und Maßstab aller kirchlichen Lehre anerkannt sind. Für die Frage, welche uns heute beschäftigen soll, ist die Tatsache unerheblich, daß das Wort κανών erst um die Mitte des vierten Jahrhunderts in nähere Verbindung mit den heiligen Schriften der Kirche gesetzt worden ist, und daß die Griechen damals und auch in der Folgezeit darunter nicht die heiligen Schriften selbst, sondern den offiziellen Katalog der heiligen Schriften verstanden haben. Die lateinische Kirche, deren Sprachgebrauch noch heute der unsrige ist, hat das neu aufgekommene griechische Wort sofort in der uns geläufigen Weise auf die Sammlung der heiligen Schriften selbst angewandt und hat es im Sinne von Maßstab und Lineal, von Norm und Regel genommen. Zum Maßstab oder Lineal aber eignet sich nicht eine schwanke Rute, die Jeder nach seinem Belieben biegen und krümmen kann, sondern nur ein steifes, unbiegsames Holz; und wo es gilt, die Grenzen zu bestimmen, bis zu welchen, die Maße, in welchen ein Bauwerk oder dergleichen ausgeführt werden soll, hängt Alles davon ab, daß der Maßstab die richtige Länge hat und von dem, welcher ihn anlegt, nicht willkürlich verkürzt oder verlängert wird. Aber ist denn die Bibel, ist zunächst das Neue Testament ein solches unbiegsames Lineal und ein Stab von unveränderlicher Länge?

So war es mit dem Neuen Testament jedenfalls nicht bestellt, als man im Lauf des vierten Jahrhunderts von dem Kanon und den kanonischen Schriften beider Testamente zu reden anfing. Eben damals waren die bedeutenden Verschiedenheiten in bezug auf den Umfang des Neuen Testaments, welche zwischen Abendland und Morgenland und zwischen den verschiedenen Teilen der morgenländischen Kirche bestanden, deutlicher als je zuvor in das allgemeine Bewußtsein der Kirche getreten. Eben damals bemühte man sich vielfach, die Verschiedenheiten auszugleichen, die noch immer unsicheren Grenzen des neutestamentlichen Kanons endgiltig festzustellen und in bezug auf den Kanon ebenso wie in bezug auf das trinitarische Dogma eine Einheit der gesamten Kirche erst herzustellen. Diese Bestrebungen stießen auf lebhaften Widerspruch provinzieller Eigenart und auf den passiven Widerstand großer Kirchenkörper, und es dauerte noch länger als ein Jahrhundert, ehe auch nur die Kirchen griechischer und lateinischer Zunge das gleiche festbegrenzte Neue Testament besaßen. Und dennoch sprach man vom Kanon und von den kanonischen Schriften, betrachtete und gebrauchte man das Neue Testament als das unbeugsame Richtmaß aller kirchlichen Lehre und Praxis. Wesentlich das gleiche Verhältnis hatte aber schon lange zuvor bestanden. Um von Solchem zu schweigen, was strittig sein mag, so besaß die Kirche jedenfalls um 200 ein Neues Testament neben dem Alten Testament. Für die Sache bedeutet es wenig oder nichts, ob ein Irenäus noch nicht, wohl aber ein Clemens und ein Tertullian das Wort „Neues Testament" direkt auf die Urkunden der durch Christus und die Apostel erfolgten Offenbarung anwandten; ob man diese Sammlung „das Wort des neuen evangelischen Bundes" oder „die apostolischen Schriften" im Unterschied von den „prophetischen" oder noch anders nannte. Man hatte eine Sammlung von Schriften aus der Anfangszeit der Kirche, welche im Gemeindegottesdienst als Gottes und des Herrn Christus schriftgewordenes Wort gelesen, der Predigt zu grunde gelegt, sowie als hauptsächliche Quelle und oberste Norm in allen theologischen Erörterungen und kirchlichen Verhandlungen angewandt wurden. Man entrüstete sich über die Montanisten, welche die Verkündigungen ihrer Propheten und Prophetinnen als neue, den Aussagen der Apostel ebenbürtige und über dieselben hinausführende Offenbarungen anpriesen und bereits anfingen, diese Offenbarungen in Schriften zu sammeln und zu verbreiten. Einen Marcion, welcher seiner von der katholischen

Kirche losgerissenen Gemeinde ein einziges Evangelium und zehn Briefe des Paulus als die ganze Bibel gegeben hatte, klagte man an als einen Frevler, welcher sich am Heiligtum vergriffen, indem er mit dem ganzen Alten Testament zugleich auch wichtige Stücke des Neuen Testaments der Kirche verworfen und diejenigen Schriften, welche seine Gemeinde mit der Kirche gemein hatte, nach seinen dogmatischen Ansichten verstümmelt und gefälscht habe. Wie die Juden auf ihre 22 oder 24 heilige Bücher das anwandten, was Deut. 4, 2 von dem Gesetze Mose's gesagt ist „ihr sollt nichts dazu tun und auch nichts davon tun", so wird das ähnliche, nur viel drohender lautende Wort am Schluß der Apokalypse (22, 18 f.) von den Kirchenlehrern am Ausgang des zweiten Jahrhunderts allen denen zugerufen, welche dem Neuen Testament etwas hinzufügen oder von demselben etwas hinwegnehmen wollen. Das klingt so, als ob das Neue Testament damals eine sicher abgegrenzte, bis aufs Wort festgestellte und daher zur Norm für kirchliches Lehren und Handeln geeignete Urkundensammlung gewesen wäre. So scheint es; aber so war es nicht, weder um das Jahr 180, noch um das Jahr 380. Während aller jener Jahrhunderte bestanden zwischen denen, welche sich als Glieder der einen katholischen Kirche wußten und sich gegenseitig anerkannten, und welche in der Anerkennung der normativen Bedeutung der apostolischen Schriften einig waren, tiefgreifende Unterschiede in bezug auf den Bestand des Neuen Testaments. Diese andauernden Verschiedenheiten und die damit gegebenen Schwankungen muß man sich gegenwärtig halten, wenn man über die bleibende Bedeutung des neutestamentlichen Kanons nicht willkürliche Behauptungen aufstellen, sondern ein geschichtlich begründetes Urteil gewinnen will.

Der Jakobusbrief, der Hebräerbrief, der zweite Petrusbrief sind, soviel wir bis heute wissen, vom zweiten Jahrhundert bis um die Mitte des vierten in keiner einzigen Kirche des Abendlandes Bestandteile des Neuen Testaments gewesen. Die syrische Kirche hat bis zum sechsten Jahrhundert keine Apokalypse und von den katholischen Briefen nur den Jakobusbrief, den ersten des Petrus und den ersten des Johannes in ihrem Neuen Testamente gehabt. Anfangs fehlten ihr auch diese drei. Von den Briefen des Paulus fehlte dieser Kirche vielleicht von Anfang an und sicher um 360 derjenige an Philemon; und dagegen hatte ein apokrypher dritter Korintherbrief seine feste Stelle im kirchlichen Kanon. Der sehr orthodoxe Syrer Ephräm kommentierte denselben als eine echte Schrift des Apostels und verteidigte seine Kanonicität gegen die Ketzer, welche ihn nicht wollten gelten lassen. Die Apokalypse, welche im zweiten Jahrhundert allen Kirchen griechischer und lateinischer Zunge ein heiliges Buch war und als ein Grenzstein der neutestamentlichen Offenbarungsepoche galt, ist dann doch während des vierten Jahrhunderts in den alten Kirchen von Jerusalem und Antiochien, Ephesus und Konstantinopel aus dem Neuen Testament verbannt worden und mindestens ein Jahrhundert lang verbannt geblieben. Bei allen diesen Verschiedenheiten und Schwankungen handelt es sich nicht, wie es nach oberflächlicher Betrachtung manchmal dargestellt worden ist, um persönliche Urteile einzelner großer oder kleiner Kirchenlehrer, sondern um den gottesdienstlichen Gebrauch und die gemeingiltige Schätzung der Bücher in den nach Landschaften, Nationalitäten und Sprachen von einander verschiedenen, großen Gruppen der alten Christenheit. Kein Verständiger kann bestreiten, daß das Bekenntnis zu der normativen Bedeutung des Neuen Testaments, in welchem alle Teile der Kirche einig waren, tatsächlich doch einen sehr verschiedenen Gehalt und Wert hatte, je nachdem man eine Bibel mit oder ohne Apokalypse, mit oder ohne Jakobus- und Hebräerbrief, mit oder ohne solche unechte oder aus anderen Gründen minderwertige Schriften, wie jener dritte Korintherbrief, in Händen hatte und als Kanon gebrauchte. Und wie viele solcher Schriften, welche Niemand von uns mit dem Neuen Testament auf gleiche Linie stellen mag, haben in jenen Jahrhunderten den in beständiger Entwicklung begriffenen Baum des Neuen Testaments wie Schlinggewächse umrankt, oder auch als Zweige ihm angehört! Einem Jrenäus galt das Buch der Visionen unter dem Titel „der Hirt" als eine heilige Schrift, aus welcher er ebenso wie aus Gesetz und Propheten Glaubenssätze bewies. Hinter dem einzelnen Bischofe, dessen Schrift uns erhalten ist, steht auch hier die Gemeinde, die nicht mehr zu uns redet; denn in Rom wie in Karthago wurden erst zu anfang des dritten Jahrhunderts Verhandlungen gepflogen, infolge deren der Hirt des Hermas von dem Kreis der prophetischen und apostolischen Schriften ausgeschlossen wurde. Aber auch damit war für die Christenheit, zumal für die griechischen Kirchen des Morgenlandes das Band noch nicht zerrissen, welches dieses weitläufige Buch mit dem Neuen Testament verknüpfte. Der Codex Sinaiticus läßt auf die Apokalypse den sehr unerfreulichen Brief des Barnabas und auf diesen den Hirten folgen, ohne anzudeuten, daß dies Schriften niedrigeren Ranges seien. Es handelte sich aber damals und handelt sich noch heute nicht nur um ganze Schriften. Ist das Neue Testament Norm alles kirchlichen Lehrens und Handelns, so ist unter Umständen ein kleines Stück einer übrigens allgemein als kanonisch geltenden Schrift, ja ein einzelner Spruch von größerer Bedeutung als eine ganze Schrift. Für die Dogmatik ist der uns geläufige Schluß des Markusevangeliums (16, 9—20) schon wegen des Wortes Jesu von der Taufe wichtiger als der Philemonbrief, und für die Ethik ist die Erzählung von der Ehebrecherin (Jo. 8, 1—11) wichtiger als der Brief des Judas. Jene zwölf letzten Verse des gewöhnlichen Markustextes waren schon im zweiten Jahrhundert ziemlich verbreitet; aber noch im vierten Jahrhundert war dieser Schluß des Buchs in weiten Gebieten der Kirche unbekannt; man hatte dort teils einen anderen, viel kürzeren Schluß, teils ein mit den Worten: „denn sie fürchteten sich" (16, 8) abbrechendes Evangelium des Markus. Die Perikope von der Ehebrecherin hat, wie alt die Erzählung selbst ist, als Bestandteil des Kanons eine noch viel schwächere Bezeugung aufzuweisen. In bezug auf solche unsichere Abschnitte größerer Bücher und vollends in bezug auf den Text im einzelnen hat die alte Kirche nichts von durchgreifender und gemeingiltiger Wirkung getan. Nur in bezug auf die mit je einem besonderen Titel versehenen Stücke der Sammlung ist von der Mitte des vierten Jahrhunderts an durch die Auktorität von Männern wie Athanasius, Hieronymus und Augustinus, durch Beschlüsse von Provinzialsynoden, durch den Wechselverkehr der Kirchen allmählich eine Ausgleichung der alten Differenzen und namentlich eine Ausscheidung mancher von jeher nicht allgemein rezipierter Schriften zu Stande gekommen. Sieht man von einigen hier und dort fortbestehenden Sonderbarkeiten ab, so darf man sagen, daß die ganze christliche Welt des sechsten Jahrhunderts den gleichen neutestamentlichen Kanon, unser aus 27 Schriften bestehendes Neues Testament gehabt hat.

Wenn während des ganzen Mittelalters in lateinischen Bibeln apokryphe Stücke, wie z. B. ein äußerst geistloser angeblicher Brief des Paulus an die Laodicener fortgeschleppt worden sind, ohne daß dies als eine Entweihung des Heiligtums empfunden wurde, so ist das nur eines der Zeichen von der Stagnation, in welche die Kirche unter anderem auch rücksichtlich ihres Verhältnisses zum Kanon versunken war. Man kann der Kirche des Mittelalters nicht vorwerfen, daß sie das von den Vätern ererbte Gut des Kanons verschleudert habe; sie leugnete auch nicht dessen bleibende Bedeutung für die Christenheit aller Zeiten; aber sie hat diesen Schatz auch nicht mit dem gebührenden Ernste gehütet, und noch weniger mit dem gehörigen Eifer verwertet. Der Geist der Prüfung, welcher den Kanon gebildet hatte, war von der Kirche gewichen. Es war erstorben jenes eifrige Streben der alten Väter, das Echte vom Unechten, die untrüglichen Urkunden der göttlichen Offenbarung von den fehlsamen Erzeugnissen menschlicher Weisheit und Torheit zu scheiden. Man hatte vergessen, daß auch die Kirche die hohen und heiligen Güter, die sie ererbt hat, nur in demselben Maße wirklich besitzt, als sie dieselben immer wieder aufs neue erwirbt.

Es kam die Zeit der Renaissance, es kam die Reformation. Wie verschieden die Triebfedern und die Endziele dieser beiden Bewegungen waren, gemeinsam war ihnen die Auflehnung gegen das Joch einer als unwahr erkannten Überlieferung, die Umkehr von einer des Lebens nicht mehr mächtigen Schulweisheit zu der ursprünglichen Natur der Dinge, von den trüben Wassern weitverzweigter Kanäle zu der Quelle. Für die Kirche war das Ursprüngliche, was man suchte, das Evangelium Christi und das Christentum der Apostel, als dessen echte Urkunden noch immer die Schriften des Neuen Testaments galten. Seit unvordenklichen Zeiten waren diese nicht nur vorhanden, sondern galten auch als Kanon; aber sie funktionierten nicht mehr als Kanon. Sollte der Kanon seine Bedeutung behalten, so mußte er sie aufs neue gewinnen. Der Kanon selbst war seit einem Jahrtausend eben nur überliefert worden, er war ein Stück kirchlicher Tradition. Sollte er allein von der Kritik ausgenommen bleiben, welcher nach einander alle Hauptstücke der kirchlichen Tradition unterzogen wurden? Das war unmöglich.

Wenn auf einer lutherischen Pastoralkonferenz die Frage nach der bleibenden Bedeutung des neutestamentlichen Kanons erörtert wird und in diesem Zusammenhang die Frage sich aufdrängt, welchen Einfluß die Reformation auf die Bedeutung des Kanons für die Kirche gehabt habe, so ziemt es sich, von dem Bekenntnis der lutherischen Kirche auszugehen. Was die Voraussetzung aller lutherischen Bekenntnisschriften ist, aber in den älteren unter ihnen nur beiläufig zum Vorschein kommt,[1]) das spricht die Konkordienformel in dem berühmten Satze aus: „Wir glauben, lehren und bekennen, daß die einige Regel und Richtschnur, nach welcher zugleich alle Lehren und Lehrer gerichtet und geurteilt werden sollen, sind allein die prophetischen und apostolischen Schriften altes und neues Testaments".[2]) Dies ist das alte Bekenntnis zur Bibel als Kanon. Das Einzige, was dieses Bekenntnis von dem christlichen Gemeinglauben der vorangegangenen Jahrhunderte unterscheidet, und was dasselbe im Gegensatz zu der römischen Gleichstellung von Schrift und Tradition ausdrücklich bezeugt, ist dies, daß die heilige Schrift die alleinige unbedingt giltige Norm christlicher Lehre sei. Dies ist aber auch Alles, was unsere symbolischen Bücher von der heiligen Schrift

---

[1]) Vgl. z. B. Vorrede und Epilog der Augustana R. 6. 45.
[2]) Vgl. R. 570. 632, sowie den Titel des Konkordienbuchs.

bekennen. Sie entwickeln nicht die Gründe für die
normative Bedeutung der Bibel; sie enthalten keinerlei
Lehre von der Inspiration der heiligen Schriften, und
vor allem sagen sie nicht, welches „die prophetischen
und apostolischen Schriften" seien, welche als Kanon
gelten und dienen sollen. Es will mir scheinen, daß diese
Zurückhaltung der lutherischen Bekenntnisse nicht immer
so, wie sich's gebührte, gewürdigt worden sei. Man
sage nicht, es sei überflüssig gewesen, den Bestand und
die Grenzen der beiden Testamente näher anzugeben,
weil hierüber die ganze Christenheit seit tausend Jahren
so ziemlich einig gewesen sei. Es wäre auch unrichtig,
zu sagen, die Verfasser der Konkordienformel hätten
darum keinen Anlaß gehabt, sich in dieser Beziehung
zu äußern, weil dieses letzte Bekenntnis dazu bestimmt
war, die innerhalb der lutherischen Kirche entstandenen
Meinungsverschiedenheiten zu schlichten, und weil in
diesem engeren Kreise über den Bestand und die
Grenzen des Kanons kein Streit ausgebrochen war.
Wenn diese Erklärung für die Schweigsamkeit der
Konkordienformel in Sachen des Kanons ausreichte,
so würde gerade das, was sie wirklich über die Bibel
lehrt, ihr entschiedenes Bekenntnis zu der normativen
Bedeutung der Bibel, unbegreiflich werden; denn eben
hierüber gab es in der Tat unter den Bekennern der
Augustana keine Meinungsverschiedenheit, und doch

steht dieses nachdrückliche Bekenntnis an der Spitze der Konkordienformel. Es war gegen Rom gerichtet. Man kannte, citierte und kritisierte die Satzungen von Trient. M. Chemnitz hatte sein großes Examen concilii Tridentini vollendet, als er zur Mitarbeit an der Konkordienformel herangezogen wurde. Man hatte auch die Lehrentwicklung in der reformierten Kirche im Auge. Endlich aber und vor allem hatte man nicht vergessen und konnte man nicht vergessen, daß in der eigenen Kirchengemeinschaft sehr lebhafte und widersprechende Urteile über einzelne Teile des neutestamentlichen Kanons gefällt worden waren.

Als J. Eck in der Leipziger Disputation Luther'n das Wort des Jakobus „der Glaube ohne Werke ist tot" vorgehalten hatte, erwiderte Luther in den Resolutionen[1]): Erstens stehe die Schreibweise dieses Briefs tief unter der apostolischen Majestät und lasse sich mit derjenigen des Paulus durchaus nicht vergleichen. Zweitens rede Paulus vom lebendigen Glauben, Jakobus dagegen von einem toten Glauben, welcher gar kein Glaube, sondern nur eine Meinung sei. Drittens protestierte Luther gegen die Betonung eines vereinzelten

---

[1]) Erl. Ausg. Scripta varii arg. III, 278. Vgl. für die folgenden Ausführungen die Abhandlung von G. Kawerau „Die Schicksale des Jakobusbriefs im 16. Jahrhundert", Ztschr. f. kirchl. Wiss. und kirchl. Leben 1889 S. 359—370.

Bibelspruchs im Gegensatz zu der gesamten Schriftlehre. Als er im folgenden Jahre 1520 in der Schrift von der babylonischen Gefangenschaft der Kirche auf die letzte Ölung zu sprechen kam, konnte er die Tatsache nicht umgehen, daß man sich römischer Seits für dieses Sakrament auf Jak. 5, 14 als eines Apostels Wort berief. Ehe er sich aber anschickt zu beweisen, daß jene Stelle zu solcher Anwendung kein Recht gebe, bemerkt er beiläufig, daß Manche mit großer Wahrscheinlichkeit behaupten, dieser Brief stamme nicht von dem Apostel Jakobus und sei des apostolischen Geistes unwürdig, obwohl er durch die (kirchliche) Gewohnheit (kanonisches) Ansehen erlangt habe. Sollte doch ein Apostel den Brief geschrieben haben, und die römische Auffassung seiner Worte richtig sein, so habe Jakobus seine Vollmacht überschritten; denn einem Apostel stehe es nicht zu, neue Sakramente zu stiften.[1]) Damit ist der Grundsatz aufgestellt, daß „apostolisch" in geschichtlichem Sinne nicht gleichbedeutend sei mit „apostolisch" in dogmatischem Sinn; d. h. die Kanonicität einer Schrift ist durch ihre Abfassung durch einen Apostel noch nicht verbürgt, und es bedarf noch der Untersuchung im einzelnen, ob die im überlieferten Kanon enthaltenen Schriften mit Recht demselben angehören. Es folgt das berühmte Urteil

---

[1]) Scr. varii arg. V, 114.

in der Vorrede zum Neuen Testament von 1522, daß „Sanct Jakobs Epistel ein recht strohern Epistel" im Vergleich mit den Hauptbüchern des Neuen Testaments sei, „denn sie doch kein evangelisch Art an ihr hat".[1] Unter beiläufiger Erinnerung an die in der alten Kirche laut gewordenen Bedenken gegen die Kanonicität des Briefs begründet er sein Urteil, daß derselbe nicht von einem Apostel herrühre, vor allem durch den unversöhnlichen Widerspruch seiner Lehre von Glaube und Werken mit der Rechtfertigungslehre des Paulus und der gesamten Schrift, nebenbei auch durch die angebliche Anführung von Sprüchen aus 1 Petri 4, 8; 5, 5 f. und Gal. 5, 17 in Jak. 4, 5. 6; 5, 20, welche beweise, daß der Jakobusbrief der nachapostolischen Zeit angehöre. Aber selbst wenn ein Petrus oder Paulus den Brief geschrieben hätte, wäre er darum noch lange nicht apostolisch; denn er zeugt nicht von Christo, wie es der Beruf des Apostels ist, sondern predigt nur eine wohlgemeinte und in ihrer Art löbliche Moral. Dagegen würde das, was Christum predigt, apostolisch d. h. kanonisch sein, „wenns gleich Judas, Hannas, Pilatus oder Herodes tät". Luther nennt hier Personen aus der Zeit Jesu und der Apostel; nur Urkunden dieser Zeit kommen in Betracht, wo es sich um die für

---

[1] Deutsche Schriften Bd. 63 S. 115.

die Kirche maßgebende heilige Schrift handelt. Darum ist **historische** Kritik erforderlich, um zu ermitteln, ob eine Schrift aus der Urzeit des Christentums stamme. Dazu aber muß die **innere** Kritik hinzukommen, welche darüber entscheidet, ob eine Schrift ein lauteres Zeugnis des ursprünglichen Christentums sei. In beiden Beziehungen lautet Luthers Urteil über den Jakobusbrief verneinend. Er wollte sein Urteil nicht Anderen gebieterisch aufdrängen; er hat unserem Volk den Jakobusbrief nicht vorenthalten, als er ihm ein deutsches Neues Testament darbot; aber „unter die rechten Hauptbücher ihn zu setzen" konnte er sich nicht entschließen. Gegen alles Herkommen hat er ihn aus der Stelle an der Spitze der katholischen Briefe verdrängt und mit anderen aus verschiedenen Gründen ihm verdächtigen Schriften an den Schluß der Episteln gerückt.[1]

Luthers Urteil über den Jakobusbrief fand Zustimmung bei Bugenhagen, Andreas Osiander, Lucas Osiander dem Ältern, M. Flacius und vielen Anderen.[2]

---

[1] Über die Ordnung der katholischen Briefe in der alten Kirche vgl. meine Gesch. des Kanons II, 376 ff. Etwas überraschend Neues ist, daß das griechische Neue Testament der Württembergischen Bibelanstalt von 1898 die Ordnung Luthers befolgt und den Hebräerbrief unter die katholischen Briefe einreiht.

[2] S. das Genauere bei Kawerau a. a. O. S. 363 ff. Ferner Th. Kolde, Andreas Althamer als Humanist und Reformator, 1895, S. 31 ff. 71 f.

A. Althamer, der Reformator Ansbachs, der Verfasser des ersten lutherischen Katechismus (1528), gab im Jahre 1527 einen kurzen lateinischen Kommentar über den Jakobusbrief heraus, in welchem die harten Urteile Luthers überboten und der Verfasser in der rücksichtslosesten Weise kritisiert wird. Zu Jak. 2, 19 schreibt er: „Erwäge, mein Leser, wie ganz urteilslos Jakobus hier schreibt und seine Unwissenheit deutlich verrät." Zu 2, 21: „Hier können wir den Jakobus nicht verteidigen; denn er citiert die Schrift falsch und widerspricht dem heiligen Geist, dem Gesetz, den Propheten, Christo und allen Aposteln. Sein Zeugnis ist nichtig." Zu 3, 1: „Hättest du doch selber, Jakobus, ebendies gethan (was du hier befiehlst) und dir nicht das Amt eines Lehrers angemaßt; dann hätten wir mehr christlichen Frieden und weniger Streitigkeiten." Später hat Althamer sein Urteil gemildert. Er predigte über den Brief und ließ 1533 auf grund solcher Predigten eine deutsche Auslegung desselben in Wittenberg drucken, welche sich als ein Widerruf der lateinischen Annotationen von 1527 darstellt. Aber auch jetzt noch galt ihm Jakobus nicht als ein Apostel, sondern als ein wohlmeinender Christ nachapostolischer Zeit. Es fehlte in lutherischen Kreisen von anfang an nicht an Widerspruch. Schon 1520 hat Karlstadt in seiner Schrift de canonicis scripturis auf das heftigste Luthers Urteile über den

Jakobusbrief bestritten. Er kommt in dem Buche so oft hierauf zu reden, daß man den Eindruck gewinnt, mündliche Auslassungen Luthers über den Jakobusbrief seien für Karlstadt der Hauptanlaß zur Abfassung seiner nicht unbedeutenden Schrift gewesen.[1]) Unedle persönliche Motive wirkten mit. Aber es darf nicht geleugnet werden, daß Karlstadt energisch auf die Schwierigkeiten hingewiesen hat, welche die noch nicht abgeklärte Stellung der Evangelischen zum Schriftkanon mit sich brachte. Da die gegensätzlichen Urteile über die Auktorität des Jakobusbriefs vielfach die Form angenommen hatten, daß die Einen sich auf den Apostel Jakobus beriefen, die Andern die Abfassung des Briefs durch den oder durch einen Apostel Jakobus beanstandeten, so war Karlstadts Erinnerung am Platz, daß die Kanonicität einer Schrift nicht wesentlich von der Abfassung derselben durch diese oder jene Person abhängig sei. Die Kanonicität des Pentateuchs oder des Hebräerbriefs stehe fest, obwohl Niemand die Frage, wer der Verfasser dieser beiden Bücher sei, sicher beantworten könne. Gegenüber dem geschichtlichen Zeugnis für die Kanonicität einer Schrift sei das Verwerfungsurteil eines Einzelnen über Geist und Lehrgehalt derselben nicht ausreichend, sie aus dem Verband der heiligen Schriften zu beseitigen. Karlstadt

---

[1]) Vgl. den Abdruck der Schrift bei Credner, Zur Gesch. des Kanons, 1847. S. 371 f. 390. 395. 397. 402 ff.

erinnerte daran, daß wir das Evangelium des Matthäus nur in einer Übersetzung besitzen, und daß die letzten zwölf Verse des Markusevangeliums ein apokrypher Anhang seien und jedenfalls viel weniger kanonische Geltung beanspruchen können als der Jakobusbrief. Er wies auch bereits auf die große Unsicherheit des Textes besonders in den Evangelien hin. Von der dogmatischen Seite war Melanchthon bemüht, Luthers Anstöße zu beseitigen, indem er die Vereinbarkeit der Rechtfertigungslehre des Jakobus mit derjenigen des Paulus zu erweisen suchte. Aus der Apologie, in welche Melanchthon diesen seinen theologischen Versuch aufnahm, ging derselbe in die Konkordienformel über. Aber es ist höchst bezeichnend, daß Jakobus in der Apologie dreimal der Apostel Jakobus, einmal auch Sankt Jakobus, in der Konkordienformel immer nur schlechtweg Jakobus heißt.[1]) Die ihren Glauben bekennende Kirche hat Fragen der geschichtlichen Kritik nicht zu beantworten. Luther ließ sich durch Karlstadt nicht beirren und durch Melanchthon nicht überzeugen. Er beharrte bei seinem Urteil und hat dasselbe in späteren Jahren gelegentlich zu noch schärferem Ausdruck gebracht. Gesprächsweise hat er von der Epistel gesagt: „Ich halt, daß sie

---

[1]) Apologie, deutscher Text R. 107 f. und dagegen Solida declar. R. 693. Letzteres um so auffälliger, da daneben zweimal St. Paulus (divus Paulus) zu lesen ist.

irgendein Jude gemacht hab, welcher wol hat hören von Christo läuten, aber nicht zusammenschlagen".[1]

Es war aber keineswegs der Brief des Jakobus allein, in dessen Beurteilung die veränderte Stellung der durch das Evangelium sich verjüngenden Kirche zum Kanon sich zeigte. Er ist nur das klassische Beispiel. Luther erklärte es für unleugbar, daß der Judasbrief ein bloßer Auszug oder eine Abschrift aus dem zweiten Petrusbrief und somit bedeutungslos sei. An mehr als einer Stelle des Hebräerbriefs nahm er wegen ihres Lehrgehalts schweren Anstoß und urteilte, daß der Apostelschüler oder Apostelgehilfe, der ihn verfaßt, etwa Apollos, mit Gold und Edelsteinen auch wohl einiges Holz, Stroh und Heu mit untermengt habe, und daß diese Schrift daher den apostolischen Schriften nicht gleichzusetzen sei. An der Apokalypse vermißte Luther mehr als Eines, um sie als ein apostolisches und echt prophetisches Werk anerkennen zu können. Ohne seine Bedenken völlig überwunden zu haben, gab er sich doch später der Hoffnung hin, daß ein besseres Verständnis des Buchs, als bis dahin erreicht war, es der Christenheit wert und fruchtbar machen werde; und er selbst machte einen bescheidenen Versuch, die Apokalypse durch eine kirchengeschichtliche Deutung zu einem Buch des Trostes

---

[1] Dies und Anderes bei Kawerau S. 368.

und der Hoffnung auf den endlichen Sieg Christi und seiner Gemeinde zu machen.[1]) Bei aller Bescheidenheit, mit welcher Luther sein persönliches Urteil über einzelne Schriften geltend machte, bei aller Pietät gegen das Zeugnis der alten Kirche hat Luther doch mit staunenswerter Kühnheit an dem überkommenen Kanon des Neuen und auch des Alten Testaments eine einschneidende Kritik geübt, und es waren nicht die schlechtesten Lutheraner, welche ihm in bezug auf Einzelnes hierin beipflichteten. Die Verfasser der Konkordienformel beobachten hierüber ein beredtes Schweigen. Sie ließen sich auch durch den Seitenblick auf andere Kirchengemeinschaften nicht verleiten, aus ihrer Zurückhaltung herauszutreten.

Am 8. April 1546 hatte das Koncil von Trient seine Beschlüsse über den Schriftkanon gefaßt. Man erklärte erstens, daß man sämtliche Schriften beider Testamente und die ungeschriebenen von Christus und den Aposteln herrührenden Traditionen mit gleichmäßiger Verehrung annehme. Zweitens aber stellte man, um jeden Zweifel über die Tragweite dieses Bekenntnisses zur Bibel auszuschließen, ein genaues Verzeichnis der biblischen Bücher auf, in welchem Tobias und Judith vor den Psalmen und den Propheten ihre

---

[1]) Deutsche Schr. Bd. 63 S. 158ff. 169; Bd. 52 S. 273.

Stelle finden, der Hebräerbrief als einer der 14 Briefe des Paulus aufgeführt und der Verfasser des Jakobusbriefs ein Apostel genannt wird. Es wurde drittens das Anathema über Jeden ausgesprochen, welcher nicht diese Bücher mit allen ihren Teilen, wie sie in der lateinischen Vulgata enthalten seien, als heilig und kanonisch annehme. Damit war in bezug auf die Zahl der Bücher und, wenn nicht jeden Buchstaben, so doch in bezug auf alle sachlich bedeutsame Stücke des Textes bereits gesagt, was dann doch noch als eine selbständige vierte Satzung sich darstellt, daß die lateinische Vulgata in allen öffentlichen Vorlesungen, Disputationen, Predigten und Auslegungen für authentisch zu halten sei. Da aber der Text der Vulgata in Handschriften und Drucken oft sehr willkürlich behandelt zu werden pflegte, so war es eine notwendige Ergänzung der genannten Dekrete, daß man fünftens den Antrag auf Veranstaltung einer offiziellen Ausgabe der Vulgata zum Beschluß erhob, eine Forderung, welche durch die unter Clemens VIII. im Jahre 1592 zu Rom herausgegebene Vulgata für immer erfüllt worden ist. Hienach ist es, solange deutliche Worte nicht künstlich verdreht werden, innerhalb der römischen Kirche eine Ketzerei, den Hebräerbrief dem Apostel Paulus abzusprechen oder Mark. 16, 9—20 für eine apokryphe Zutat zu erklären. Es hat für diesmal kein Interesse für uns, zu verfolgen, wie in der römischen Kirche trotz der Beschlüsse von Trient eine auf den Text, den Ursprung der Bücher und die Entstehung des Kanons gerichtete Forschung hat fortbestehen und zeitweilig in schöner Blüte hat stehen können. Doch möchte ich auf zwei Tatsachen aus unseren Tagen hinweisen, die uns zeigen, welches die Konsequenzen der in Trient aufgestellten Prinzipien sind. Der gelehrte Abbé Martin in Paris, welcher 1884 einen Quartband von 554 Seiten herausgab, worin er die ursprüngliche Zugehörigkeit von Mark. 16, 9—20 zu diesem Evangelium bewiesen zu haben meinte, erklärte es am Schluß dieses Buchs für eine würdige Aufgabe des nächsten ökumenischen Konzils, dieses Ergebnis seiner Forschungen zum Dogma zu erheben. Noch lehrreicher ist eine Entscheidung einer viel höheren Auktorität. Der Congregratio S(anctae) R(omanae) et U(niversalis) Inquisitionis hat am 13. Januar 1897 die Frage vorgelegen, ob man ohne Gefahr die Echtheit der Stelle von den drei Zeugen im Himmel 1 Joh. 5, 7 verneinen oder auch nur bezweifeln könne. Die Kongregation hat diese Frage verneint, und Leo XIII. hat diese Entscheidung am 15. Januar 1897 bestätigt.[1]) Es

---

[1]) Vgl. „Der Katholik" 1897 S. 492. Die Frage lautet nach dem dortigen Abdruck aus den Analecta ecclesiastica fasc. III p. 99: Utrum tuto negari aut saltem in dubium revocari possit, esse authenticum textum: S. Joannis in epistola prima cap. V,

ist demnach in der römischen Kirche nicht mehr ungefährlich, die Echtheit dieses zweifellos unechten, von Luther nie in das deutsche Neue Testament aufgenommenen Spruchs auch nur anzuzweifeln. Welch' ein Abstand zwischen Rom und Wittenberg, zwischen der Konkordienformel und den Satzungen der höchsten römischen Auktoritäten!

Nicht minder hilfreich zu richtiger Würdigung der Stellung, welche die lutherische Kirche zum Kanon eingenommen hat, ist ein Seitenblick auf die reformierten Kirchen. Es sind vor allem zwei Gedanken über die heilige Schrift, welche uns immer wieder und mit zunehmender Schärfe in den verschiedenen reformierten Bekenntnisschriften entgegengetreten; erstens, daß der Schriftkanon ein von vornherein und für immer endgiltig festgesetzter sei, und zweitens, daß er seine Auktorität nicht von Menschen, nicht von der Kirche, sondern von Gott habe. In ersterer Beziehung bezeichnet die in weiten Kreisen angenommene zweite helvetische Konfession das Gebot des Deuteronomiums oder der Apokalypse, nichts dazu oder davon zu tun (oben S. 7), als ein ausdrückliches Gebot Gottes in bezug auf die kanonischen Schriften beider Testamente.¹) Dasselbe

---

vers. 7, quod sic se habet: „Quoniam tres sunt qui testimonium dant in coelo" etc.

¹) Niemeyer, Collectio Confess. in eccl. reform. public. p. 467 vgl. das böhmische Bekenntnis p. 826.

Bekenntnis bezeugt den Abscheu gegen alle Ketzer der alten Zeit, welche entweder die Inspiration dieser Schriften nicht anerkannt oder einzelne derselben verworfen und andere interpoliert haben. In bezug auf die alttestamentlichen Apokryphen beruhigte sich Bullinger, der Verfasser dieser Konfession, bei dem Urteil der alten Kirche, daß sie nicht zum Schriftbeweis zu verwenden, also nicht zum Kanon zu rechnen, wohl aber in den Kirchen gelesen werden mögen. Andere reformierte Bekenntnisse haben vorher und nachher deutlicher und entschiedener über die Grenzen des Kanons geredet. Das französische Bekenntnis von 1559, das hierauf fußende belgische von 1566, sowie das puritanische Bekenntnis von Westminster geben einen genauen Katalog der kanonischen Schriften beider Testamente und schließen die Apokryphen entweder stillschweigend eben hiedurch oder ausdrücklich vom Kanon aus.[1]) Während die reformierten Kirchen in diesem Punkt der römischen widersprechen, stehen sie andrerseits mit ihrer unwiderruflichen Festlegung der Grenzen des Kanons und mit ihrem Anathema über die, welche diese Grenzen nach der einen oder anderen Seite verrücken, auf demselben prinzipiellen Standpunkt wie das Tridentinum und eben damit in einem prinzipiellen Gegensatz zu der Kirche der deutschen Reformation und deren Bekenntnis. Die

---

[1]) Niemeyer S. 314. 362; Anhang S. 2.

Reformierten wie die Römischen wollten an der Bibel ein göttliches Gesetzbuch haben, welches als solches in bezug auf den Umfang, den Inhalt und zuletzt auch den Wortlaut keinerlei Veränderung duldet. Um so weiter gingen und gehen diese beiden Kirchengemeinschaften wieder auseinander in der Beantwortung der Frage, wer diese göttliche Gesetzsammlung redigiert und ihr durch Publikation öffentliche Geltung verliehen habe, oder mit anderen Worten, worauf die Auktorität dieses Codex legis divinae beruhe. In scharfem Gegensatz zur römischen Lehre bezeugt die zweite helvetische Konfession, daß die heilige Schrift ihre Auktorität nicht von Menschen, sondern von sich selber habe, sofern Gott selbst zu den Propheten und Aposteln geredet habe und durch deren Schriften noch immer zur Christenheit rede.[1]) Die Frage aber, woher wir dies wissen, und woher wir das Recht ableiten, diese bestimmten Schriften im Unterschied von anderen als inspiriert und daher als maßgebend zu betrachten, beantwortet dieses Bekenntnis nur durch eine ungeordnete Anführung von Bibelsprüchen, welche teils die Schriften des Alten Testamentes unter Voraussetzung ihrer Inspiration, teils die mündliche Predigt des Evangeliums durch die Apostel, teils die kirchlichen Anordnungen der Apostel betreffen. Wenn aber eine Kirchengemeinschaft einen Katalog der

---

[1]) Niemeyer S. 467 vgl. das schottische Bekenntnis S. 351.

kanonischen Schriften als ihr Glaubensbekenntnis aufstellt, so muß sie auch von ihrem auf diese bestimmten Schriften bezogenen Glauben Rechenschaft geben. Das versuchen auch diejenigen reformierten Bekenntnisse, welche einen solchen Katalog enthalten. Die französische Konfession, mit welcher die belgische und diejenige von Westminster in der Sache übereinstimmen, erklärt: „Wir erkennen diese Schriften als kanonisch und als ganz gewisse Regel unseres Glaubens nicht so wohl (oder nicht so sehr) vermöge des Übereinkommens und der Zustimmung der Kirche, als vermöge des Zeugnisses und der inneren Überführung des heiligen Geistes, welcher sie uns von anderen kirchlichen Schriften unterscheiden lehrt".[1]) Es wird nicht geleugnet, daß das Urteil und Zeugnis der alten Kirche einigen Einfluß auf den Glauben der nachgeborenen Kirchen an den göttlichen Ursprung der heiligen Schriften und auf die Anerkennung des Kanons in seiner überlieferten Abgrenzung geübt habe und üben solle. Aber das entscheidende Moment liegt nicht hierin, sondern in dem Zeugnis des heiligen Geistes. Der Gedanke stammt von Calvin; er ist aber wie so mancher ursprünglich reformierte Gedanke in die lutherische Dogmatik der nachreformatorischen Zeit eingedrungen. Es wird daher

---

[1]) Niemeyer S. 314. 361 f.; Anhang S. 2 f.

nicht überflüssig sein, auch in unserem Kreise darauf hinzuweisen, wie wenig dieser Gedanke geeignet ist, das Bekenntnis zu der Inspiration und der normativen Bedeutung der Bibel und insbesondere das Bekenntnis zu einem festbegrenzten und unabänderlichen Kanon zu begründen.

Wenn die reformierten Bekenner versichern, das Zeugnis des heiligen Geistes befähige sie, diese Bücher in ihrem spezifischen Unterschied von allen anderen Büchern zu erkennen und nötige sie, jene von diesen zu unterscheiden, oder „der heilige Geist bezeuge ihrem Gewissen" oder „ihrem Herzen", daß diese Bücher und keine anderen „aus Gott geflossen" seien, so ignorieren sie zunächst die Thatsache, daß andere Kirchengemeinschaften und ehrwürdige Christen anderer Zeiten, welche über die Grenzen des Kanons anders geurteilt haben, auch nicht geglaubt haben, ganz ohne heiligen Geist zu sein, und jedenfalls nicht willentlich dem Zeugnis dieses Geistes in ihrem Herzen und Gewissen getrotzt haben. Um zu schweigen von den Prälaten zu Trient, welche sich im Eingang ihres Dekrets über die kanonischen Schriften als eine „im heiligen Geist rechtmäßig versammelte Synode" bezeichnen, und von Luther, welcher in bezug auf mehr als eine wichtige Schrift des Neuen Testaments jenes Zeugnis des Geistes nicht vernahm, ist denn ein Irenäus, welcher den

Hirten des Hermas als kanonisch gebraucht hat, ist ein Athanasius, welcher das Buch Esther nicht zu den kanonischen Schriften rechnete, und sind die Kirchen, welche hinter solchen Männern standen, sämtlich des heiligen Geistes bar und ledig oder in Empörung gegen dessen deutliches Zeugnis begriffen gewesen?

Jene reformierte Theorie ignoriert ferner die gesamte Geschichte des neutestamentlichen Kanons. Das Neue Testament ist ja nicht ein vom Himmel gefallener Kodex, sondern eine Sammlung von Schriften, welche als einzelne Schriften ohne Absehen auf einen bereits vorhandenen oder einen im Entstehen begriffenen Kanon geschrieben worden sind, und welche ihre Vereinigung zu einer in der Kirche anerkannten Sammlung dem Bedürfnis der nachapostolischen Kirche verdanken, ihren Gliedern das Evangelium Christi und die Lehre der Apostel stetig und lauter darzubieten. Prüfende Auswahl der Kirche hat diese Evangelien und diese Briefe aus einer viel größeren Fülle echter und unechter Schriften apostolischer Zeit ausgesondert und für den gottesdienstlichen Gebrauch bestimmt. Mehr als ein echter Brief des Apostels Paulus, von dessen Existenz uns das Neue Testament selbst Zeugnis gibt, ist nicht aufgenommen worden und daher nicht erhalten geblieben; diejenigen Schriften von Aposteln und Apostelgehilfen aber, welche Aufnahme in die Sammlung kirchlicher Lesebücher gefunden, haben dadurch, daß sie sich im Gebrauch bewährten, sowie dadurch, daß sie fortgesetzt neben den von der Synagoge ererbten Schriften des Alten Testaments gottesdienstlich gebraucht wurden, im Bewußtsein der Gemeinde die Würde ebenso heiliger Schriften, wie jene es längst waren, erlangt. Fortgesetzte kirchliche Kritik hat sowohl die großen Schwankungen in bezug auf den Umfang und Bestand des neutestamentlichen Kanons während der ersten Jahrhunderte, als auch die schließliche Ausgleichung herbeigeführt. Wer das weiß, darf es auch nicht ignorieren und darf sich nicht anstellen, als ob unabhängig von der prüfenden und gesetzgeberischen Tätigkeit der alten Kirche der Kanon des Neuen Testaments von Gott festgesetzt worden wäre. Ein unmittelbares, d. h. nicht durch die Tätigkeit und Entwicklung der Kirche vermitteltes Gottesurteil, welches dem Kanon den Stempel seines göttlichen Ursprungs aufgedrückt habe, ist eine Fiktion sogut wie irgend eine Fabel der päpstlichen Kirche. Eine Fiktion ist aber auch die Behauptung, daß ein von der Geschichte der Kirche und ihres Kanons unabhängiges Zeugnis des heiligen Geistes im Herzen und Gewissen des einzelnen Christen ihn der Kanonicität aller Schriften des herkömmlichen Kanons gewiß mache. Als das entscheidende Zeugnis des heiligen Geistes für die Kanonicität des ganzen Neuen Testaments müßte Jeder, welcher sich dazu bekennt, dasjenige anerkennen, welchem die alte Kirche schließlich Gehör gegeben hat, indem sie sich über diese 27 Bücher als das richtig begrenzte Neue Testament einigte. Wenn tausend Jahre, nachdem dies geschehen ist, ein Christ durch das ihm persönlich zu Teil gewordene Zeugnis des heiligen Geistes glaubt dessen gewiß geworden zu sein, daß genau dieselben 27 Bücher, welche ein Athanasius oder ein Augustinus als den richtigen Kanon des Neuen Testaments ansehen, die allein von Gott eingegebenen und darum allein maßgebenden Urkunden der neutestamentlichen Offenbarung seien, so muß er doch anerkennen, daß das Zeugnis des Geistes in seinem Herzen nicht eine neue unmittelbare Offenbarung, sondern nur ein Widerhall oder Nachklang des längst lautgewordenen und längst von der Kirche vernommenen und im Glauben aufgenommenen Zeugnisses desselben heiligen Geistes ist.

Der Geist pflegt seine Offenbarungen auch nicht an die zu verschwenden, welche sich nicht darum bemühen. Die Offenbarungen des Geistes sind in der Regel Antworten auf die Fragen des unter Gebet und Arbeit nach Licht ringenden Menschengeistes. Was hätten die Urheber jener Theorie zur Antwort geben können, wenn man sie gefragt hätte, auf Grund welches Forschens und Betens der heilige Geist ihnen offenbart habe, daß das Buch Esther, nicht aber das Buch des Jesus Sirach,

der Brief des Judas, aber nicht der Brief an die
Laodicener eine inspirierte und von Gott seiner Gemeinde
als sein Wort gegebene Schrift sei? Calvin hat in
dem Vorwort zu seiner Auslegung des Jakobusbriefs
keine anderen Gründe für dessen Kanonicität angeführt,
als daß er keinen ausreichenden Grund zu seiner Ver-
werfung sehe, und daß er den angeblichen Widerspruch
seiner Lehre mit derjenigen des Paulus mit Leichtigkeit
durch seine Auslegung beseitigen könne. Die zeugende
Tätigkeit des heiligen Geistes beschränkt sich also in
diesem Fall wesentlich darauf, daß der heilige Geist im
Herzen Calvins keinen Protest erhebt gegen das Zeugnis
desselben heiligen Geistes, durch welches die alte Kirche
schließlich zur allgemeinen Anerkennung dieses Briefs
geleitet worden ist. Als positiver Grund für die Anerkennung seiner Kanonicität bleibt schließlich doch nur
das Urteil der alten Kirche und die kirchliche Tradition.
Diese aber geduldig anzuhören und sorgfältig zu prüfen,
hielt man von jener Seite für überflüssig. Was Calvin
in seinen Kommentaren in dieser Richtung vorbringt,
gehört zu dem Oberflächlichsten, was in Sachen des
Kanons geschrieben worden ist. In Wittenberg hatte
man sich, wie schon die Schrift Karlstadts vom Jahre
1520 beweist, von anfang an unvergleichlich ernsthafter
mit dem Zeugnis der alten Kirche und der Geschichte
des Kanons beschäftigt.

Die ganze Theorie, von der ich rede, beruht aber auch auf einer Verkennung der Art, wie es Gott gefallen hat, seinen Geist in seiner Gemeinde walten zu lassen. Gottes und Christi Geist bezeugt unserem Geiste, daß wir Gottes Kinder sind,¹) und damit bezeugt er uns die Wahrheit aller der Gnadentaten und Offenbarungen Gottes, ohne welche kein Mensch zu dem seligen Stande eines Kindes Gottes gekommen wäre. Keine Auktorität der Kirche, keine Absolution des Priesters, kein Zuspruch anderer Menschen, auch kein Wort der Bibel kann uns dieses Zeugnis des heiligen Geistes in unseren Herzen ersetzen. Wer dieses Zeugnis nicht in seinem Herzen vernimmt, kann nicht „Abba" rufen, sondern bleibt ein Knecht im Hause Gottes bei allem Ernst seiner Frömmigkeit. Aber damit, daß ich dieses Zeugnis in meinem Herzen vernehme und es im Glauben festhalte, besitze ich noch keineswegs die Fähigkeit, auf alle Fragen, deren Beantwortung ein Bedürfnis der Gemeinde ist, eine sichere Antwort zu geben. Allerdings ist derselbe Geist, welcher dem Christen die Vergebung seiner Sünden und die ewige Seligkeit versiegelt, auch eine Kraft der Erkenntnis. Er soll und will uns nicht nur das erkennen lehren, „was uns von Gott geschenkt ist," sondern auch

---

¹) Vgl. Röm. 8, 15 f.; Gal. 4, 6.

die Dinge und Verhältnisse außer uns (1 Kor. 2, 10—16).
Er soll nach der Verheißung des Herrn ein Wegführer
seiner Gemeinde im ganzen Umkreis der Wahrheit sein
(Joh. 16, 13). Und es sind nicht leere Worte, welche
Johannes den Gemeinden schreibt: „Ihr habt die
Salbung und wisset Alles; ihr bedürft nicht, daß euch
jemand lehre, sondern wie euch die Salbung in bezug
auf alle Dinge lehrt, so ist es wahr" (1 Joh. 2, 20. 27).
Johannes traut den Gemeinden die Fähigkeit zu, Wahrheit und Lüge in der Lehre zu unterscheiden und die
vom antichristlichen Geist beseelten Lehrer, welche unter
ihnen aufgetreten sind und die Wahrheit des Evangeliums
verkehren, abzuweisen. Und dennoch belehrt Johannes
diese Gemeinden, fordert sie auf, den Geist der Prüfung
nicht einschlafen zu lassen und gibt ihnen Merkmale an
die Hand, wonach sie die Zeugen der Wahrheit und
die Lehrer der Lüge unterscheiden sollen. Die Gemeinden sind zu solcher Kritik berufen, und Alle, welche
an dem Geiste Christi und seiner Gemeinde teilhaben,
werden auch irgendwie teilhaben an diesem Beruf zur
Prüfung der Geister. Aber nicht in Allen wirkt der
Geist in gleich starkem Maße die Fähigkeit zu solcher
Kritik. Mit Johannes stimmt Paulus überein. Die Gemeinde zu Thessalonich fordert er auf, die Weissagungen
nicht zu verachten, aber Alles zu prüfen und nur das
Gute zu behalten (1 Thess. 5, 20 f.). Wenn zwei oder

drei Propheten nacheinander in der Gemeinde redend auftreten, sollen die anderen, d. h. alle Anwesenden der Propheten Reden beurteilen (1 Kor. 14, 29). Der Gemeinde steht dies als Recht und als Pflicht zu. Daraus folgt aber nicht, daß jedes einzelne Gemeindeglied sein Urteil als unfehlbare Wahrheit, als eine der Rede jedes Propheten überlegene Auktorität geltend machen dürfe. Paulus rechnet vielmehr die Gabe, die Geister zu unterscheiden, zu den Charismata, zu den geistlichen Naturgaben, welche der Geist verleiht und verteilt, wie er will und wem er will; und er nennt daneben ein Charisma der Weisheit d. h. der Sachkenntnis und ein Charisma der Erkenntnis d. h. der Einsicht in die Natur der Dinge, Gaben, ohne deren Mitwirkung auch die Gabe der Geisterprüfung nicht zu vollkommener Wirkung kommen kann (1 Kor. 12, 4—11). Kein Christ besitzt alle geistlichen Gaben zugleich. Es kann einer ein guter Christ sein, ohne in nennenswertem Maße die Gabe der Geisterunterscheidung zu besitzen, wie einer ein guter Christ sein kann, ohne die Gabe des wunderthätigen Gebets zu besitzen. Es sind eben mancherlei Gaben des einen Geistes, und nur durch das Zusammenwirken dieser mannigfaltigen Kräfte vollzieht sich die Offenbarung des Geistes zum gemeinen Besten der Gemeinde Christi. Gewiß erlebt man es, daß ein nach seiten des Verstandes und der Sachkenntnis wenig entwickelter Christ instinktiv die Wahrheit oder Unwahrheit einer gehörten Predigt durchschaut. Aber man erlebt es auch, daß zahlreiche Christen einer klingenden Schelle und einem tönenden Erz mit Andacht lauschen, als ob ein Engel vom Himmel ihnen Evangelium predigte. Wollten wir urteilen, diese letzteren seien allesamt von jeder Wirkung des heiligen Geistes entblößt, so hätten wir viele Kinder Gottes mutwillig verdammt. Das wollen wir nicht thun, sondern wollen daran festhalten, daß zu den Gaben des Geistes, durch deren Zusammenwirken die Gemeinde Christi gefördert und zum Vollmaß ihrer Bestimmung geführt werden soll, auch die Gabe der Geisterunterscheidung d. h. der Kritik und die ihr nächstverwandten Gaben der Sachkenntnis und der Einsicht gehören, und daß die Gemeinde eben nicht, wie es die abstrakte Dogmatik vorstellt, eine Summe von uniformen Individuen ist, sondern, wie Paulus so manchmal gezeigt hat, ein Leib von mannigfaltig gestalteten, die verschiedensten Dienste verrichtenden Gliedern, und zwar ein Leib, welcher durch die Zeiten hindurchwächst und dennoch ein Leib bleibt. Eben der Geist, welcher seine Gaben zuteilt, wie und wem er will, schafft eben dadurch die Mannigfaltigkeit der Glieder, während er andrerseits die Einheit des Leibes erhält. Darnach will auch sein Zeugnis in der Gemeinde gewürdigt sein. Sofern es sich um die Einzelperson und ihren Stand vor Gott handelt, ist auch das Zeugnis des Geistes trotz aller angewandten Gnadenmittel zuletzt ein unmittelbar an die Person selbst gerichtetes, von deren charismatischer Ausstattung und von ihrer Eingliederung in die Gemeinde unabhängiges. Wo es sich dagegen um das handelt, was Gemeingut der Gemeinde ist oder werden soll, ist auch das darauf bezügliche Zeugnis des Geistes ein an die Gemeinde gerichtetes und ein durch die verschieden begabten menschlichen Organe des Geistes vermitteltes. Da soll der prophetisch begeisterte und begeisternde Redner sich die Kritik des nüchtern Urteilenden gefallen lassen, und es soll wiederum der kritisch Veranlagte nicht vergessen, daß die gewichtigsten Wahrheiten nicht den prüfenden Denkern, sondern den instinktiv erkennenden und schauenden Propheten sich erschlossen haben, und durch diese der Gemeinde kund geworden sind. Da soll auch der Christ und die Gemeinde von heute hören auf die Lehrer der Vorzeit und auf das durch sie an die Gemeinde ergangene und von der Gemeinde angenommene Zeugnis des Geistes. Kurz, nicht das Herz und Gewissen des Einzelnen, sondern das durch die Wechselwirkung ihrer Glieder bedingte Bewußtsein der Gemeinde ist der Ort, wo der heilige Geist sein Zeugnis abgibt über das, was der Gemeinde gehört und was der Gemeinde frommt. Das gilt auch von seinem Zeugnis über den Kanon des Neuen Testaments; denn das Neue Testament ist ja nicht dem einzelnen Christen als ein unentbehrliches Mittel zur Seligkeit, sondern der Gemeinde als ein fester Stab für ihre Wanderung durch die Zeiten gegeben. Wie die Christen der ersten Generation nach dem Tode des Herrn, welche noch kein Neues Testament besaßen, wie ein Stephanus und selbst ein Schächer am Kreuz ohne dieses Mittel den Weg zum Himmel gefunden haben, so kann auch heute ein Christ, der nicht lesen kann und keinen Spruch des Neuen Testaments auswendig weiß, im seligmachenden Glauben leben und sterben. Aber die Gemeinde, durch deren Dienst ihm das Wort der Gnade zu Ohren gekommen und zu Herzen gegangen ist, würde diesen ihren Dienst nicht richtig ausrichten, das Evangelium nicht rein fortpflanzen und den Weg des Heils nicht von menschlichem Irrtum reinhalten können ohne ihr Neues Testament. Darüber aber, daß sie an ihrem Neuen Testament eine treue Urkunde der Offenbarung Gottes in Christo zum Heil aller Menschen besitze, kann die Gemeinde nicht gewiß werden durch das Urteil Weniger oder Vieler, welche sich dafür auf das Zeugnis des heiligen Geistes in ihrem Herzen berufen; denn es fragt sich allemal wieder, ob die, welche so reden, das Charisma der Geisterprüfung in dem Maße besitzen, welches erforderlich ist, Gottes untrügliches Wort vom fehlsamen Menschenwort zu unterscheiden. In bezug auf den

Kanon, in bezug auf die feste Abgrenzung des der Gemeinde zugedachten schriftgewordenen Gotteswortes von anderen Schriften steht ein Zeugnis gegen das andere, eine Generation der Christenheit gegen die andere, ein Lehrer gegen den anderen.

Die Meinung, daß jeder einzelne Christ durch das Zeugnis des heiligen Geistes in seinem Herzen der Inspiration und Kanonicität der biblischen Bücher gewiß werde, beruht endlich auch auf einer unklaren Anschauung von dem Objekt selbst, um dessen Bezeugung es sich handelt. Aus den vorhin angeführten Worten des Paulus sehen wir, daß dieser Apostel vor allem auch die prophetische Rede der Kritik bedürftig hält. Die Gefahr, welche er dabei im Auge hat, ist schwerlich die, daß ein Prophet in der christlichen Versammlung auftrete, welcher vom Teufel, statt vom heiligen Geiste inspiriert ist. Solchen Vorkommnissen gegenüber wäre kein sonderliches Maß der Gabe der Geisterprüfung erforderlich. Nach dieser Seite scheint Paulus eher ängstliche Gemüter beruhigen zu wollen, wenn er schreibt, daß Niemand, der (anscheinend) vom Geiste Gottes ergriffen in den Versammlungen rede, Jesum verfluchen werde (1 Kor. 12, 3). Dagegen versteht es sich nicht von selbst, daß diejenigen, welche der in der Gemeinde Jesu waltende heilige Geist zu Propheten erweckt, diesen Geist allein walten lassen und seinen Sinn zu reinem Ausdruck bringen und nicht irrig Menschliches ihrer Rede beimischen. Die Propheten selbst werden gemahnt, sich nicht zu erhitzen und nicht über das Maß des ihnen verliehenen Glaubens hinauszugreifen (Röm. 12, 6). Darum eben soll man die prophetischen Reden zwar keineswegs verachten, aber gründlich prüfen und nur das, was die Prüfung bestanden hat, als gut festhalten. Also gerade gegenüber solchen Äußerungen, welche sich selbst für inspiriert ausgeben und von Anderen dafür gehalten werden, ist nach Paulus die Kritik eine ganz besonders heilige Pflicht.[1)]

Fragen wir nun nach der heute gebotenen Anwendung dieser einleuchtenden Grundsätze, so kann der Umstand, daß wir unter uns keine Propheten haben, wie diejenigen zur Zeit der Apostel, nicht jede Anwendung ausschließen. Denn wir dürfen den Begriff der inspirierten Rede nicht auf jene besondere Form beschränken. Paulus selbst sagt: „Niemand kann Jesum einen Herrn heißen ohne durch den heiligen Geist" (1 Kor. 12, 3). Das schlichteste Bekenntnis des Glaubens vor versammelter Gemeinde,

---

[1)] Ein lehrreiches Beispiel der Kritik, wie Paulus selbst sie an der Propheten Reden geübt hat, bietet Apg. 21, 4. 11—14. Agabus weissagt richtig, was nachher geschehen ist, und gleichen Gehaltes werden die anderen Prophetenstimmen Apg. 20, 23 gewesen sein. Aber als falsch menschliche Zutat weist Paulus zurück, was die Jünger zu Tyrus „durch den heiligen Geist" ihm sagten (21, 4), die Abmahnung von der Reise nach Jerusalem.

das einfältigste, aus dem Herzen fließende Gebet, das ein Christ vor anderen Christen spricht, ist, wenn es echter Art ist, inspirierte Rede. Die Pflicht der von Paulus geforderten Kritik besteht für uns gegenüber jedem geistlichen Lied, für welches Aufnahme in unser Gesangbuch gefordert wird, jedem Katechismus, der eingeführt werden soll, jeder Predigt, die wir hören. Wir können gar nicht bewußte und mittätige Glieder der Gemeinde sein, ohne alle solche Erzeugnisse daraufhin zu prüfen, ob und inwiefern sie aus dem heiligen Geist geboren sind, d. h. mit anderen Worten, ob sie uns göttliche Wahrheit oder bloß menschliche Gedanken darbieten. Die Pflicht solcher Kritik besteht auch gegenüber den Schriften des Neuen Testaments, und es ist eine arge Abweichung von der gesunden apostolischen Lehre, wenn man meint, daß die Schriften des Neuen Testaments darum, weil sie der Kirche für inspiriert gelten, über die jetzt in Rede stehende Kritik von vornherein erhaben seien. Denn gerade die in eminentem Sinne inspirierte Rede des Propheten bedarf nach Paulus vor aller anderen Rede dieser Kritik. Niemand kann auch bestreiten, daß diese Pflicht für die Kirche bestand und von ihr ausgeübt wurde während der Jahrhunderte, in welchen der Kanon in der Bildung begriffen war. Aber dieselbe Pflicht lebt wieder auf, so oft die Frage nach der richtigen Abgrenzung des Kanons aufs neue an die Kirche herantritt, wie es in den Tagen der Reformation geschehen ist. Es ist aber die Erfüllung dieser Pflicht gegenüber dem neutestamentlichen Kanon eine viel schwierigere als gegenüber den mit dem Tage kommenden und gehenden Erzeugnissen des in der Gemeinde waltenden Geistes Gottes. Hier fragt es sich ja nicht darum, ob die eine oder die andere Schrift in dem weiteren Sinne inspiriert sei, in welchem dies von jedem guten Gedanken, Wort oder Werk eines Christen gilt, sondern darum fragt es sich, ob es Gottes Wille war und ist, daß diese oder jene Schrift im Verein mit anderen Schriften seiner Gemeinde als sein heiliges Wort zur Erbauung und Belehrung dargeboten werde und als Richtschnur für alles kirchliche Lehren und Handeln diene. Zur Entscheidung dieser Frage gehört nicht nur das höchste Maß jenes Charismas der Geisterprüfung, sondern auch das Zusammenwirken und Zusammenstimmen der durch die Zeiten und Länder zerstreuten Kinder Gottes, welche an jenem Charisma Anteil hatten und von demselben rechten Gebrauch gemacht haben. Das Zeugnis des heiligen Geistes, welches den Einzelnen der Gnade Gottes gewiß und ihn damit und hierin von aller menschlichen Auktorität unabhängig macht, mag ihm dazu helfen zu unterscheiden, ob ein geistliches Lied oder eine gehörte Predigt oder der Brief des Jakobus der erfahrenen Wahrheit des Evangeliums gemäß ist, oder derselben widerspricht; aber es sagt ihm an sich gar nichts darüber, ob der Jakobusbrief nach Gottes Willen ein Stück des Neuen Testaments geworden ist und darum auch bleiben soll.

Und noch einmal sei daran erinnert, daß es sich ja nicht nur um ganze Schriften, sondern auch um einzelne angefochtene Stücke derselben und unter Umständen auch um einzelne unsicher überlieferte Texteswortte handelt. Soll das Zeugnis des heiligen Geistes im Herzen des einzelnen Christen auch über die Fragen der Textkritik entscheiden? Oder soll die Kirche auf Grund einer Sammlung solcher Zeugnisse auf diesem Gebiet gesetzgeberisch vorgehen? Wir sehen, daß die römische Kirche seit langem dazu neigt. Dieselbe Neigung zeigt sich auch in der reformierten Kirche. Die helvetische Consensusformel von 1675, welche damals von den meisten schweizerischen Kirchen als verbindliches Bekenntnis angenommen wurde, bezeugt gleich in ihrem ersten Kanon,[1]) daß Gott über seinem schriftgewordenen Wort so väterlich gewacht habe und noch immer wache, daß auch nicht ein Häkchen oder Jota davon verloren gegangen sei und jemals verloren gehen werde. Daraus wird weiter gefolgert, daß der hebräische Text des Alten Testaments nicht nur rücksichtlich der Konsonanten, sondern auch

---

[1]) Niemeyer S. 730.

der Vokale und der ganzen maforethischen Punktation von Gott eingegeben sei, und daß alle Versuche, mit Hilfe der alten Übersetzungen und des samaritanischen Pentateuchs einen reineren Text herzustellen, eine Untergrabung des Glaubensgrundes sei. Anstatt demütig dem nachzuforschen, was Gott wirklich getan hat, um uns den Schatz seines Wortes zu erhalten, schreibt man ihm nachträglich vor, was er zu diesem Zweck hätte tun sollen, aber nicht getan hat, und dekretiert als Glaubensartikel die albernsten Fündlein einer irrenden Wissenschaft. Zu der helvetischen Consensusformel will sich heute Niemand mehr bekennen; aber der Geist, welcher sich darin kundgibt, ist der reformierten Kirche eigentümlich. Einem Isaak Voß, welcher die Auktorität der Septuaginta durch die Apostel und zuletzt durch den Herrn Christus selbst beglaubigt sein ließ (1661. 1679), schließt sich E. Böhl, der Professor der reformierten Dogmatik in Wien an, welcher eine aramäische Volksbibel zur Zeit Jesu erfand (1873), aus dem einzigen Grunde, weil er sich nicht in die Freiheit finden konnte, mit welcher die Apostel den Buchstaben des Alten Testaments behandelt haben. Vergleicht man das tridentinische Dekret über die Authenticität der Vulgata und die neueste römische Entscheidung über den Spruch von den drei himmlischen Zeugen, so sieht man wiederum, daß die Extreme sich berühren.

Kehren wir von diesen kritischen Wanderungen in das Gebiet anderer Kirchen noch einmal zu unserer eigenen Kirche und ihrem Bekenntnis zurück, so werden wir es nicht als einen Mangel beklagen, sondern als eine gnädige Behütung Gottes preisen, daß unser Bekenntnis auch in seiner ausgebildetsten Gestalt so maßvoll und zurückhaltend über den biblischen Kanon sich äußert. Es bekennt nicht mehr, als was der Glaube umfaßt und zu tragen im Stande ist. Gegenüber der römischen Kirche, welche sich selbst vergöttert und nicht umkehren kann von den bösen Wegen, auf welche sie sich durch Irrtum und Sünde hat verleiten lassen, will unsere Kirche die demütige und bußfertige Magd bleiben, welche auf die Stimme ihres Gottes und Heilandes hört, wie sie in heiligen Schriften zu ihr redet, allezeit bereit, zu lernen, sich zurechtweisen und dadurch fördern zu lassen. Sie hat in den Tagen ihrer Jugend das Evangelium, welches die alte Kirche nicht mehr laut und lauter gepredigt wissen wollte, in den Schriften des überkommenen Neuen Testaments wiedergefunden, und hat dieses Evangelium wiederum als eine rettende Kraft Gottes an sich und allen ihren echten Gliedern erfahren. Sie hat dieses Evangelium vor allem in den Briefen des Paulus an die Römer und die Galater gefunden, aber hierauf fußend hat sie dasselbe im ganzen Umkreis des überlieferten Kanons beider Testamente gesucht und hat sich dessen gefreut, dasselbe Evangelium auch da zu finden, wo man nicht ahnte es finden zu können. Mit diesem aus dem Glauben an das Evangelium geborenen Forschen nach dem Evangelium ist unsere Kirche im 16. Jahrhundert und wohl auch im 19. Jahrhundert nicht fertig geworden. Darum blieb von ihrem Bekenntnis ausgeschlossen jedes endgiltige Urteil darüber, in welchen einzelnen Schriften, Texten und Buchstaben das für sie maßgebende Wort Gottes enthalten sei d. h. jede gesetzliche Bestimmung über den Umfang des Kanons und über den Text, der für authentisch gelten soll. Diese Unfertigkeit der kirchlichen Entwicklung hinderte unsere Kirche nicht, sich zu der in heiligen Schriften niedergelegten Offenbarung Gottes durch seine Propheten, durch seinen Sohn und dessen Apostel, zu diesem schriftgewordenen Gotteswort als dem allein maßgebenden Kanon ihrer Lehre und ihres Lebens zu bekennen. Die Erfahrung, welche man im 16. Jahrhundert an dem Ganzen des biblischen Kanons gemacht hatte, reichte aus, um auf dieses schriftgewordene Gotteswort als ein großes Ganze das Bekenntnis der evangelischen Stände von 1526 anzuwenden: Verbum dei manet in aeternum. Dieselbe Erfahrung reichte aber noch nicht aus, um für immer festzustellen, ob der Brief des Jakobus oder die Apokalypse innerhalb oder außerhalb der Grenzen dieses ewigen Wortes Gottes an seine

Gemeinde liege. Ausgeschlossen von unserem Bekenntnis blieb auch jede menschliche Spekulation über die Mittel und Wege, welche Gott habe wählen müssen, um seiner Gemeinde bis ans Ende der Zeiten sein Wort rein zufließen zu lassen d. h. jede aprioristische Inspirationslehre. Dadurch ist Raum geblieben für eine ernstliche Forschung nach dem wirklichen Ursprung der heiligen Schriften und ihrer Sammlung zum Kanon und der Geschichte ihres Textes. Es ist auch Raum gelassen für die auf den Inhalt der Schrift gerichtete Kritik, deren alle Schrift und Rede um so dringender bedürftig ist, mit je größerem Anspruch sie auf grund ehrwürdiger Rechtstitel an uns herantritt.

Gewiß ist es wahr, daß das Gewicht der Persönlichkeit Luthers viel dazu beigetragen hat, unsere Kirche davor zu bewahren, daß sie in bezug auf den Kanon mehr bekenne, als sie bekannt hat. Aber dessen wollen wir uns nicht schämen; denn Luther hat es um uns verdient, daß wir seinem reiflich erwogenen Urteil Gewicht beilegen, und seine grundsätzliche Stellung zum Kanon des Neuen Testaments ist die richtige, die echt evangelische. Wir dürfen sie nicht aufgeben. Sie beruht einerseits auf der Pietät gegen die nicht ohne Gottes Leitung zu denkende geschichtliche Entwicklung, deren Ergebnis der neutestamentliche Kanon in den Händen aller Christen und Kirchen ist, andrerseits auf der Kritik alles Überlieferten und somit auch des überlieferten Kanons, zu welcher der sein selbst gewiß gewordene Glaube an das Evangelium sich ebenso verpflichtet als berechtigt fühlt. Wer von uns heute das Neue Testament der 27 Bücher als den richtig begrenzten Kanon anerkennt, kann sich nicht einreden, daß er ohne Rücksicht auf die Auktorität der alten Kirche zu dieser Überzeugung gelangt sei. Aber mit der Pietät, welche wir einer solchen Auktorität zollen, ist die Sache nicht abgethan. Denn die Kirche ist fehlbar und hat vielfach gefehlt. Wir wissen nicht im voraus, wir wissen weder aus religiösen noch aus wissenschaftlichen Gründen, welche von der materiellen Prüfung des Kanons unabhängig wären, ob die Kirche in ihrer den Kanon herstellenden Tätigkeit nach allen vorangegangenen Schwankungen und Uneinigkeiten schließlich nach dem Sinne des heiligen Geistes entschieden hat. Das Urteil Gottes über den Kanon läßt sich nicht einfach aus der Geschichte der Kirche und ihres Kanons ablesen. Hiefür bietet ein lehrreiches Beispiel die Kirche von England, welche stets eine große Pietät gegen die alte Kirche bewiesen, aber auch mehr als irgend eine andere Kirche für die Verbreitung der Bibel getan hat. In dem zwanzigsten ihrer 39 Artikel[1])

---

[1]) Niemeyer S. 602. 605.

nennt sie die Kirche die Zeugin und Bewahrerin der heiligen Schriften, und im sechsten Artikel bezeichnet sie als heilige Schrift diejenigen kanonischen Bücher beider Testamente, an deren Auktorität niemals in der Kirche gezweifelt worden sei. Danach würden der Hebräerbrief, der Brief des Jakobus, der zweite des Petrus und die Apokalypse nicht als kanonisch gelten; denn große Abteilungen der Kirche haben diese Schriften Jahrhunderte lang nicht nur angezweifelt, sondern auch von ihrem Neuen Testamente ferngehalten. Trotzdem bekennt sich derselbe 6. Artikel zu den sämtlichen gemeiniglich angenommenen Schriften des Neuen Testaments d. h. zum Kanon der 27 Bücher!

Mag man in der bedingungslosen Anerkennung des neutestamentlichen Kanons blindlings der Auktorität der alten Kirche folgen, welche diesen Kanon festgestellt hat, oder einem von dieser geschichtlichen Tatsache unabhängigen Gebot Gottes, das man sich selber ausgedacht hat, sich unterwerfen, man gewinnt auf dem einen wie dem anderen Wege keine andere Stellung zum Neuen Testament als diejenige eines sklavischen Gehorsams. Diese aber verträgt sich nicht mit der Natur des Glaubens. Wer von dem Evangelium, wie es Paulus gepredigt und entwickelt hat, in Glauben durchdrungen ist, kann nicht gleichzeitig sich vor dem Jakobusbrief als einem für ihn und die ganze Kirche maßgebenden

Gotteswort beugen, solange er diesen dahin versteht, daß Jakobus in der centralen Frage nach dem Weg zur Gerechtigkeit und Seligkeit das Gegenteil von dem lehrt, was Paulus gelehrt hat. Der heilige Geist weist die nach Gerechtigkeit und Seligkeit durstende Seele nicht gleichzeitig zu dem Glauben an Gottes erlösende Gnade in Christo und zu den eigenen Werken als dem Mittel, gerecht und selig zu werden. Sowenig der Christus, welchen die Apostel gepredigt haben, Ja und Nein zugleich ist, sowenig erträgt der Glaube und eine dem Glauben gemäße Lehre Ja und Nein zugleich. Allerdings ist der Glaube auch ein Gehorsam, aber nicht Gehorsam gegen einen heiligen Buchstaben, sondern gegen den im Gewissen sich bezeugenden Willen Gottes. Der Glaube ist auch Geduld, ein Ausharren unter den Widersprüchen des Daseins und den Rätseln des Gedankens; aber er kann dies nur sein, sofern er Hoffnung auf deren Lösung ist. Dagegen bringt die Forderung eines Glaubens an die nicht in ihrer Einheit erkannte Schrift, an jedes unverstandene oder mißverstandene Wort derselben nur ein Zerrbild des Glaubens zu Wege. Solcher Mißglaube aber zerstört die Freiheit und dämpft das Vertrauen der Kinder Gottes zu ihrem Gott und seinem Worte; er macht sie zu Knechten, die nicht wissen, was ihr Herr tut (Joh. 15, 15). Wenn es anmaßlich ist, nicht auf das Urteil der alten Kirche hören zu wollen, deren sammelnder und sichtender Tätigkeit wir den Kanon des Neuen Testaments verdanken, so ist es auch unevangelisch, diesen ererbten Kanon ohne Prüfung und innere Überführung von der Wahrheit seines Inhalts und der Richtigkeit seines Bestandes als ein göttliches Gesetz hinzunehmen. Ein solches Gesetz ist ein härteres Joch als das Gesetz Mose's und alle Satzungen der Pharisäer; denn man kann sich mit ihm nicht durch äußere Handlungen abfinden, sondern es fordert unser Herz, die Hingabe unseres ganzen Willens, die Unterordnung unseres gesamten Denkens. Wenn es unfromm ist, das Zeugnis des heiligen Geistes in den Herzen der vorangegangenen Christengeschlechter und die Erfahrung der Kirche früherer Zeiten als nicht vorhanden oder wertlos anzusehen, so ist es auch unfromm zu bezweifeln, daß der heilige Geist auch unter uns noch Zeugnis gibt und auch uns noch befähigt, Erfahrungen zu machen, welche die Gemeinde dessen gewiß machen sollen, was Gottes Wort an sie sei.

Luthers kühne Urteile über einige Schriften des Neuen Testaments sind nicht, wie es die schwächlichen Epigonen so manchmal dargestellt haben, jugendliche Maßlosigkeiten aus der Sturm- und Drangperiode der Reformation. Luther hat in den Hauptpunkten bis an sein Ende daran festgehalten. Wir mögen dieselben sämtlich **unrichtig** und **ungerecht** nennen — und ich für meine Person stehe nicht an, sie so zu beurteilen —; aber wir sollen sie nicht für **unberechtigt** erklären. Sie sind Zeugnisse des durch den Glauben nicht erstickten, sondern geweckten und geschärften Gewissens. Sie mahnen uns noch heute an die Pflicht und an das unveräußerliche Recht der inneren wie der äußeren, der geistlichen wie der geschichtlichen Kritik auch an den als Kanon überlieferten Schriften. Man hat manchmal gespottet über die Forderung einer biblischen Kritik, welche im Glauben wurzele; und Viele, welche sich des Glaubens rühmen, reden noch heute von der Kritik so, als ob sie nur eine Macht des Argen wäre, welche unter Gottes Zulassung gegen den Glauben ankämpft. Luther hat im Namen des Glaubens Kritik am Kanon des Neuen Testaments geübt, und das Bekenntnis der nach ihm genannten Kirche hat für solche Kritik nicht nur Raum gelassen, sondern hat sie geradezu gefordert, indem es einerseits die normative Bedeutung der Bibel bezeugt, andrerseits aber jedes Urteils über den Bestand und Umfang des Kanons sich enthält.

Es hat seit den Tagen der Konkordienformel nicht an Kritik des Kanons gefehlt; sie ist aber zumeist nicht von Solchen geübt worden, welche an dem Bekenntnis zu der normativen Bedeutung der Schrift festhielten. In den am kirchlichen Bekenntnis festhaltenden Kreisen hat man den Geist gläubiger Kritik, welcher in Luther und seinen Genossen lebendig war, je länger je mehr gedämpft. Die erwachten Zweifel an der Kanonicität einzelner Schriften hat man nicht sowohl überwunden, als ad acta gelegt. Wenn Luther zwischen den sicheren Hauptbüchern des Neuen Testaments und anderen in bezug auf die Wahrheit ihres Inhalts und das geschichtliche Recht ihrer Zugehörigkeit zum Kanon zweifelhaften Schriften unterschied, so war das nichts Anderes als ein vorläufiger Waffenstillstand zwischen kirchlicher Tradition und kirchlicher Kritik. Es war kein glücklicher Gedanke, diesen Stand der Dinge dogmatisch zu fixieren durch die Unterscheidung protokanonischer und deuterokanonischer Schriften. Ein Jakobusbrief und eine Apokalypse, welche eine kirchliche Generation nach der anderen nicht besser zu würdigen weiß, als es Luther gelungen ist, hören eben damit auf, kanonisch zu sein und als Kanon zu wirken. Noch weniger ist es als ein Fortschritt zu bezeichnen, daß die lutherischen Dogmatiker später, ohne die aufgetauchten Bedenken und Anstöße innerlich und gründlich überwunden zu haben, jene Unterscheidung bis zur Bedeutungslosigkeit abschwächten und sie schließlich ganz fallen ließen. Nun wurde das Neue Testament als eine unterschiedslose Masse inspirierter Gottesworte behandelt und durch immer kühnere Behauptungen und immer unhaltbarere Künste der Auslegung und der Ausgleichung wurde die Einheit des Schriftinhalts, ohne welche der Glaube an die Schrift nicht bestehen kann, erzwungen und gegen alte wie neue Zweifel verteidigt. Die Verabsäumung einer vom Glauben getragenen und allen Ernstes der geschichtlichen Wahrheit nachforschenden Kritik hat sich unter anderem auch dadurch bestraft, daß nun vorwiegend solche Männer der Bibelkritik sich annahmen, welche dem Glauben der Kirche entfremdet und vom Geist der Propheten und Apostel so wenig berührt waren, wie der Taube von der Musik und der Blinde von der Farbe; Leute, welche teilweise an Feindseligkeit gegen die Offenbarung Gottes in Christo nicht zurückstanden hinter den Kritikern der Bibel und des Christentums, welche aus dem absterbenden Heidentum der antiken Welt hervorgegangen sind. Was diese Art von Kritik so mächtig und zu einer so drohenden Gefahr für die Kirche gemacht hat, das sind vor allem die Wahrheiten und die unumgänglichen wichtigen Aufgaben, welche die kirchliche Theologie vernachlässigt und ihren Feinden als Waffen überlassen hat. Dadurch konnte es dahin kommen, daß wenn unsereiner sich bemüht, die Entstehungsgeschichte der neutestamentlichen Schriften und ihrer Vereinigung zum Kanon gründlicher zu erforschen und getreuer, als bisher geschehen, darzustellen, die Erbpächter der Kritik von Konzessionen sprechen, welche Vertreter des kirchlichen Glaubens an die nichtkirchliche Wissenschaft machen. Und es fehlt leider nicht an Vertretern des Bibelglaubens und des kirchlichen Bekenntnisses, welche diese unwahre und beleidigende Redeweise sich aneignen. So reden Leute, welche wenig oder nichts getan haben, die Bibel zu Ehren zu bringen. Das Schelten über die arge Kritik ist kein Ersatz für die Arbeitsleistung, welche der kirchlichen Wissenschaft obliegt. Es hilft auch nicht die gebieterische Forderung, sich der angeborenen Auktorität der Bibel zu unterwerfen; denn die, an welche man solche Forderung richtet, erkennen diese Auktorität der Bibel nicht an. Noch weniger hilft die Berufung auf das Bekenntnis unserer Kirche; denn dieses ist für jene noch weniger eine Auktorität, und überdies enthält unser Bekenntnis keine Entscheidungen über die Fragen der biblischen Kritik und die Grenzen des Kanons. Wer das Johannesevangelium für eine spekulative Dichtung ohne jede geschichtliche Glaubwürdigkeit erklärt, verstößt nicht einmal gegen den Buchstaben unseres Bekenntnisses. Er kann, ohne daß man ihm die formale Berechtigung dazu abstreiten dürfte, sagen: Was so manchem Lehrer der alten Kirche, was einem Luther in bezug auf andere Bücher des Neuen Testaments zu urteilen gestattet war, muß auch mir in bezug auf dieses „einige zarte, recht Häuptevangelion"[1]) zu

---
[1]) So Luther Bd. 63 S. 115.

urteilen freistehen, wenn mein Gewissen und das mir erreichbare Maß der Einsicht mich dazu nötigen. Gegen eine im einzelnen irrende oder von vornherein verkehrte Kritik hilft nur die rechte Kritik, die vertiefte Erforschung des Neuen Testaments und seiner Geschichte und die Darlegung des wahren Sachverhalts.

Die Furcht, daß durch die am Kanon des Neuen Testaments geübte Kritik dieser jemals in seinem wesentlichen Bestande erschüttert und eben damit um seine normative Bedeutung gebracht werden könnte, scheint mir heute weniger angebracht als zu anderen Zeiten. Im Gegenteil haben wir zur Zeit manchen Anlaß zu dem Vertrauen, daß auch an denjenigen Teilen des neutestamentlichen Kanons, in welche große Lehrer der Kirche sich nicht haben finden können, das Wort des Dichters werde wahr werden: „Was wir verstehen, können wir nicht tadeln". Als ich vor jetzt 25 Jahren eine kritische Erörterung über die Briefe des Ignatius mit der Bemerkung schloß: „Baur bezeichnet den Tiefpunkt in dem fortschreitenden Verfall der historischen Kritik", sagte mir ein Dorpater Professor, ich möge vielleicht dereinst damit Recht behalten, es sei aber sehr unvorsichtig, so etwas auszusprechen. Es ist seither doch Manches anders geworden. Allerdings ist die Kritik noch einige Stufen tiefer gesunken, indem sie einerseits bei uns noch lange genug in der

Weise Baurs, aber ohne dessen Geist und Würde, weiter betrieben worden ist, bis zum Überdruß für alle nach lebendiger Erkenntnis der Geschichte verlangenden Geister, und indem sie andrerseits in Holland in dem ödesten Skepticismus versandet ist. Diese beiden Tatsachen scheinen den Anstoß zu einer rückläufigen Bewegung gegeben zu haben. Solche Strömungen kommen und gehen, und man soll nicht zuviel darauf geben, wenn sie einmal, vom kirchlichen Standpunkt betrachtet, eine Zeit lang günstiger zu laufen scheinen; aber ihr stetiger Wechsel an sich kann uns den Glauben an die unwandelbare Bedeutung des neutestamentlichen Kanons stärken. Dazu kommen die Entdeckungen verlorener Schriftstücke, mit welchen unsere Generation so reich gesegnet ist. Wenn ein Stück Petrusevangelium oder ein Paar angeblicher Aussprüche Jesu oder eine neue syrische Evangelienübersetzung auftauchen, so pflegen unsere nach Effekt haschenden Gelehrten sofort in die Posaune zu stoßen, als ob nun die von der kirchlichen Tradition verschütteten Fundamente des Neuen Testaments bloß gelegt wären, und das sensationsbedürftige Publikum applaudiert. Nach einem Jahr oder zwei hat sich die Aufregung gelegt; und wenn man ruhig erwägt, was wir durch alle dergleichen Entdeckungen seit 40 Jahren gewonnen oder verloren haben, so finden wir wohl, daß unsere Anschauung von der

Entwicklung der Kirche im zweiten Jahrhundert bereichert und berichtigt worden ist, daß aber auch die alle anderen Literaturerzeugnisse der alten Kirche turmhoch überragende Größe unseres Neuen Testaments immer aufs neue bestätigt worden ist.

Wir glauben nicht an die Unfehlbarkeit der alten Kirche, welche sammelnd, sichtend und erhaltend die 27 Bücher des Neuen Testaments zum Kanon gemacht hat. Wir verkennen nicht die Menschlichkeiten, welche dabei mitgewirkt haben, und wir entschlagen uns nicht der Pflicht, durch fortgesetzte Forschung und Prüfung des geschriebenen Gotteswortes immer gewisser zu werden. Aber die Geschichte des Neuen Testaments bis auf den heutigen Tag gibt uns guten Grund zu dem Vertrauen, in welchem wir auf dieses Buch der Bücher das alte evangelische Bekenntnis anwenden:

Verbum dei manet in aeternum.

Lippert & Co. (G. Pätz'sche Buchdr.), Naumburg a. S.